KAHLIL GIBRAN

Der Prophet

WEGWEISER
ZU EINEM SINNVOLLEN LEBEN

Walter-Verlag Olten und Freiburg im Breisgau

14. Auflage 1982

Die amerikanische Originalausgabe erschien
unter dem Titel «The Prophet» im Verlag Alfred A. Knopf, New York

Die Übersetzung besorgte Claire Malignon

Gesamtherstellung in den grafischen Betrieben des Walter-Verlags

ISBN 3-530-26720-1

INHALT

DIE ANKUNFT DES SCHIFFES

Almustafa, Der Auserkorene und Geliebte, der seiner Zeit eine Morgenröte gewesen, hatte zwölf Jahre lang in der Stadt Orphalese auf sein Schiff geharret, das wiederkehren sollte, um ihn nach der Insel seiner Geburt zurückzuführen.

Und im zwölften Jahre, am siebenten Tage des Jelul – des Monats der Ernte – erklomm er den Hügel jenseits der Mauern der Stadt und schaute seewärts, und er erblickte sein Schiff, das mit dem Nebel erschien.

Da öffneten sich mit Macht die Tore seines Herzens, und seine Freude flog weit über das Meer. Und er schloß die Augen und betete in der Stille seiner Seele.

Doch als er den Hügel hinabstieg, überfiel ihn eine Trauer, und er dachte in seinem Herzen:

Wie sollte ich weggehn in Frieden und ohne Kummer? Denn nicht ohne Wunde im Geist werd' ich diese Stadt verlassen.

Lang waren die Tage der Qual, die ich in ihren Mauern verbracht, und lang die Nächte der Einsamkeit; und wer vermöchte von seiner Qual und Einsamkeit zu scheiden ohne Gram?

Zu viele Bruchteile des Geistes hab' ich in diesen Straßen verstreuet, und zu groß ist die Zahl der Kinder meiner Sehnsucht, die nackt in diesen Hügeln wandeln, und ich kann sie nicht verlassen ohne lastendes Leid.

Nicht ein Gewand ist es, das ich heute abwerfe; es ist eine Haut, die ich mit meiner eigenen wegreiße.

Nicht ein Gedanke ist's, den ich hinter mir lasse; es ist ein Herz, süß geworden durch Hunger und Durst.

Doch kann ich nicht länger säumen.

Das Meer, das alles zu sich ruft, hat auch mich gerufen, und ich muß das Schiff besteigen.

Denn zu verweilen, so die Stunden brennen in der Nacht, hieße erfrieren und erstarren und gefesselt sein in einer Form.

Gern nähme ich mit alles, was hier ist. Doch wie vermöchte ich dies?

Eine Stimme vermag nicht, die Zunge und Lippen mit sich zu reißen, die sie beschwingten. Allein muß sie den Äther suchen.

Und allein und ohne sein Nest muß der Adler durch die Sonne fliegen.

Nun, da er den Fuß des Hügels erreicht, wandte er sich wieder dem Meere zu, und er sah sein Schiff sich dem Hafen nähern und auf dessen Bug die Seeleute, die Männer seiner Heimat.

Und seine Seele jubelte ihnen zu und er sprach:

Söhne meiner ehrwürdigen Mutter, ihr Reiter der Fluten,

Wie oft kamt ihr angesegelt in meinen Träumen. Und nun seid ihr gekommen bei meinem Erwachen, das mein tieferer Traum ist.

Bereit bin ich zu gehen, und mit bereiten Segeln harret meine Sehnsucht auf den Wind.

Nur einen Hauch möchte ich atmen in dieser stillen Luft, nur einen liebevollen Blick noch rückwärtswerfen.

Und dann werd' ich stehen unter euch als ein Seefahrer unter Seefahrern.

Und du, unermeßliche See, schlaflose Mutter,

Die du allein Friede und Freiheit bist dem Fluß und dem Strome,

Nur eine Windung noch laß diesen Strom vollenden, ein Murmeln noch in dieser Lichtung,

Und dann werd' ich zu dir kommen als grenzenloser Tropfen im grenzenlosen Weltmeer.

Und während er weiterschritt, erblickte er in der Ferne Männer und Frauen, die ihre Felder und Weinberge verließen und nach den Toren der Stadt eilten.

Und er vernahm ihre Stimmen, die seinen Namen riefen, und Stimmen von einem Felde zum anderen, die sich einander die Ankunft seines Schiffes verkündeten.

Und er sprach bei sich:

Soll der Tag des Abschieds zum Tage der Ernte werden?

Und soll dies heißen, daß mein Abend in Wahrheit meine Morgenröte war?

Und was soll ich dem geben, der seinen Pflug mitten in der Furche stehenließ, oder dem, der das Rad seiner Weinkelter abgestellt?

Wird mein Herz ein Baum werden, schwer beladen mit Früchten, die ich pflücken kann, um sie ihnen zu schenken?

Und werden meine Wünsche fließen wie ein Quell, auf daß ich damit ihre Becher zu füllen vermag?

Bin ich eine Harfe, auf daß die Hand des Allmächtigen

mich berühre, oder eine Flöte, auf daß sein Hauch durch mich dringe?

Ein Sucher des Schweigens bin ich, und welchen Schatz hab' ich im Schweigen gefunden, den ich verteilen darf mit Zuversicht?

So dies der Tag meiner Ernte ist, in welche Felder hab' ich den Samen gesät, und zu welchen Zeiten, die mir entfallen?

Ist dies fürwahr die Stunde, in der ich meine Laterne emporhebe, so sei es nicht meine Flamme, die darin brenne.

Leer und dunkel werd' ich meine Laterne erheben,

Und der Hüter der Nacht möge sie füllen mit Öl, und er möge sie auch anzünden.

All dies drückte er in Worten aus. Doch manches in seinem Herzen blieb ungesagt. Denn er selber vermochte nicht, sein tieferes Geheimnis auszusprechen.

Und als er die Stadt betrat, kamen alle Menschen ihm entgegen, und sie riefen ihm zu, als seien sie nur *eine* Stimme.

Und die Ältesten der Stadt traten vor und sprachen:

Geh noch nicht weg von uns.

Die Zeit eines Mittags nur hast du in unserem Zwielicht verweilet, und deine Jugend hat uns Träume geschenkt.

Kein Fremdling bist du unter uns, noch ein Gast; du bist unser Sohn, unser zärtlich Geliebter.

Laß unsere Augen noch nicht hungern nach deinem Antlitz.

Und die Priester und Priesterinnen sprachen zu ihm:

Laß nicht die Wellen der See uns nun von dir trennen, und nicht die Jahre, die du in unserer Mitte verweilt, zur Erinnerung werden.

Du bist gewandelt unter uns als ein Geist, und dein Schatten war ein Licht auf unsrem Angesichte.

Gar sehr liebten wir dich. Doch unsre Liebe blieb unausgesprochen und mit Schleiern umhüllet.

Doch nun schreit sie laut zu dir und möchte unverschleiert vor dir stehen.

Und immer war es so, daß Liebe ihre eigne Tiefe nicht erkennt bis zur Stunde der Trennung.

Und andre kamen noch und flehten ihn an. Doch er antwortete ihnen nicht. Er neigte nur sein Haupt; und die neben ihm standen, sahen die Tränen, die ihm auf die Brust fielen.

Und er schritt mit dem Volke auf den großen Platz vor dem Tempel.

Und aus dem Allerheiligsten trat ein Weib, die Almitra hieß. Und sie war eine Seherin.

Und er schaute sie an mit unendlicher Zärtlichkeit, denn sie war es gewesen, die ihn als erste aufgesucht und an ihn geglaubt, nachdem er einen Tag in der Stadt geweilt.

Und sie begrüßte ihn und sprach:

Prophet Gottes, in Suche nach dem Höchsten, lange hast du die Ferne erforschet nach deinem Schiffe.

Und nun ist dein Schiff gekommen, und du bist genötigt wegzugehn.

Tief ist dein Verlangen nach dem Lande deiner Erinnerung und der Heimat deiner höchsten Wünsche; und unsre Liebe möchte dich nicht binden, noch unsre Nöte dich zurückhalten.

Doch um eines möchten wir dich bitten, ehe du uns verläßt: Daß du zu uns redest und von deiner Wahrheit mitteilest.

Und wir werden sie unsren Kindern weitergeben, und jene wiederum ihren Kindern, und sie soll nicht verlorengehn.

In deiner Einsamkeit wachtest du während unsrer Tage, und in deinem Wachen lauschtest du dem Weinen und dem Lachen unsres Schlummers.

Darum offenbare uns nun unser Ich und sage uns alles, was dir enthüllt ward von dem, was zwischen der Geburt und dem Tode ist.

Und er antwortete:

Leute von Orphalese, von was könnte ich reden, wenn nicht von dem, was selbst in diesem Augenblick eure Seelen bewegt?

VON DER LIEBE

Da sprach Almitra: „Rede uns von der Liebe."

Und er erhob das Haupt und blickte auf die Menge, und es fiel ein Schweigen über sie. Und die große Stimme sprach also:

Winkt dir die Liebe, so folge ihr,

Sind auch ihre Wege hart und steil.

Und umfahn dich ihre Flügel, so ergib dich ihr,

Mag auch das unterm Gefieder verborgne Schwert dich verwunden.

Und redet sie mit dir, so trau ihrem Wort,

Mag auch ihre Stimme deine Träume erschüttern, wie der Nordwind den Garten verwüstet.

Denn gleich wie die Liebe dich krönt, so wird sie dich kreuzigen,

Wie sie deinen Lebensbaum entfaltet, so wird sie ihn beschneiden.

Wie sie emporsteigt zu deiner Höhe und die zartesten Zweige liebkost, die in der Sonne erbeben,

Ebenso wird sie hinabsteigen zu deinen Wurzeln und sie aufrütteln in ihrem Festklammern am Erdboden.

Gleich Garben von Korn rafft sie dich an sich.

Sie drischt dich, um dich zu entblößen.

Sie siebt dich, um dich von Spreu zu befrein.

Sie zermalmt dich, bis du weiß wirst,

Sie knetet dich, bis du geschmeidig bist.

Und dann beruft sie dich an ihr heil'ges Feuer, auf daß du heil'ges Brot werdest zu Gottes heil'gem Festmahl.

All dies soll Liebe dir antun, auf daß du kennest das Geheime deines Herzens und in diesem Wissen ein Bruchteil werdest vom Herzen des Lebens.

Doch suchest du in deiner Angst nur der Liebe Ruh' und der Liebe Lust,

Dann tätest du besser, deine Nacktheit zu verhüllen und der Liebe Tenne zu entfliehn,

In die schale Welt, wo du wirst lachen, doch nicht dein ganzes Lachen, und weinen, doch nicht all deine Tränen.

Liebe gibt nichts als sich selber und nimmt nichts als aus sich selbst heraus.

Liebe besitzet nicht und läßt sich nicht besitzen;

Denn Liebe genügt der Liebe.

Wenn du liebst, so sage nicht: „Gott ist in meinem Herzen", – sag' lieber: „Ich bin in Gottes Herzen."

Und denke nicht, du könntest der Liebe Lauf lenken; denn Liebe, so sie dich würdig schätzt, lenkt *deinen* Lauf.

Liebe hat keinen anderen Wunsch, als sich zu erfüllen.

Doch so du liebst und noch Wünsche haben mußt, so seien dies deine Wünsche:

Zu schmelzen und zu werden wie ein fließender Bach, der sein Lied der Nacht singt.

Zu kennen die Pein allzu vieler Zärtlichkeit.

Wund zu sein von deinem eignen Verstehn der Liebe;

Und zu bluten, willig und freudigen Herzens.

Zu erwachen beim Morgenrot mit beschwingter Seele und Dank zu bringen für einen neuen Tag der Liebe;

Zu rasten um die Mittagsstund' und nachzusinnen über der Liebe Verzückung;

Heimzukehren in Dankbarkeit, wenn der Abend graut;

Und dann einzuschlafen, mit einem Gebet für dein Lieb im Herzen und einem Lobgesang auf den Lippen.

VON DER EHE

Und wieder ergriff Almitra das Wort und sprach: „Und wie ist es um die Ehe, Meister?"

Und er antwortete also:

Vereint seid ihr geboren, und vereint sollt ihr bleiben immerdar.

Ihr bleibt vereint, wenn die weißen Flügel des Todes eure Tage scheiden.

Wahrlich, ihr bleibt vereint selbst im Schweigen von Gottes Gedenken.

Doch lasset Raum zwischen eurem Beinandersein,

Und lasset Wind und Himmel tanzen zwischen euch.

Liebet einander, doch macht die Liebe nicht zur Fessel:

Schaffet eher daraus ein webendes Meer zwischen den Ufern eurer Seelen.

Füllet einander den Kelch, doch trinket nicht aus *einem* Kelche.

Gebet einander von eurem Brote, doch esset nicht vom gleichen Laibe.

Singet und tanzet zusammen und seid fröhlich, doch lasset jeden von euch allein sein.

Gleich wie die Saiten einer Laute allein sind, erbeben sie auch von derselben Musik.

Gebet einander eure Herzen, doch nicht in des andern Verwahr.

Denn nur die Hand des Lebens vermag eure Herzen zu fassen.

Und stehet beieinander, doch nicht zu nahe beieinander:

Denn die Säulen des Tempels stehen einzeln,

Und Eichbaum und Zypresse wachsen nicht im gegenseit'gen Schatten.

VON DEN KINDERN

Und ein Weib, das ein Kind an der Brust hielt, sagte: „Rede uns von den Kindern."

Und er sprach also:

Eure Kinder sind nicht *eure* Kinder.

Es sind die Söhne und Töchter von des Lebens Verlangen nach sich selber.

Sie kommen durch euch, doch nicht *von* euch;

Und sind sie auch bei euch, so gehören sie euch doch nicht.

Ihr dürft ihnen eure Liebe geben, doch nicht eure Gedanken,

Denn sie haben ihre eignen Gedanken.

Ihr dürft ihren Leib behausen, doch nicht ihre Seele,

Denn ihre Seele wohnt im Hause von Morgen, das ihr nicht zu betreten vermöget, selbst nicht in euren Träumen.

Ihr dürft euch bestreben, ihnen gleich zu werden, doch suchet nicht, sie euch gleich zu machen.

Denn das Leben läuft nicht rückwärts, noch verweilet es beim Gestern.

Ihr seid die Bogen, von denen eure Kinder als lebende Pfeile entsandt werden.

Der Schütze sieht das Zeichen auf dem Pfade der Unendlichkeit, und Er biegt euch mit Seiner Macht, auf daß Seine Pfeile schnell und weit fliegen.

Möge das Biegen in des Schützen Hand euch zur Freude gereichen;

Denn gleich wie Er den fliegenden Pfeil liebet, so liebt Er auch den Bogen, der standhaft bleibt.

VOM GEBEN

Dann sprach ein Reicher: „Rede uns vom Geben."

Und er antwortete:

Ihr gebt nur wenig, so ihr von eurem Besitze gebet.

Erst so ihr von euch selber gebet, gebt ihr wahrhaftig.

Denn was sind eure Besitztümer anders als Dinge, die ihr aufhebt und verwahrt aus der Furcht vor der Not, die das Morgen bringen mag?

Und Morgen? Was wird Morgen dem allzu vorsichtigen Hunde bringen, der Knochen im spurlosen Sande verscharret, so er den Pilgern nach der Heil'gen Stadt folgt?

Und was ist Furcht vor Not anders als selber eine Not?

Ist nicht Angst vor Durst bei vollem Brunnen ein Durst, der unlöschbar ist?

Es sind derer, die wenig geben von dem vielen, was sie haben — und sie geben es um der Anerkennung willen und ihr verborgenes Begehren verdirbt ihre Gaben.

Und es sind derer, die wenig haben und alles geben,

Und dies sind jene, die da glauben an das Leben und des Lebens Spenden, und ihr Kasten ist nie leer.

Es sind derer, die mit Freuden geben, und jene Freude ist ihr Lohn.

Und es sind derer, die mit Schmerzen geben, und jener Schmerz ist ihre Taufe.

Und es sind derer, die geben und keinen Schmerz beim Geben kennen, weder Freude dabei suchen, noch im Bewußtsein der Tugend schenken.

Sie geben, wie drüben im Tale die Myrte ihren Duft in das All haucht.

Durch die Hände solcher Menschen redet Gott, und aus ihren Augen strahlt Sein Lächeln auf Erden.

Es ist gut zu geben, auf eine Bitte hin, doch besser ist es ungebeten zu geben, aus Verständnis für des andren Not.

Und der Offenhändige hat am Suchen nach einem, der in Not ist und empfangen wird, noch mehr Freude als am Geben.

Gibt es denn irgend etwas, das ihr behalten werdet?

Alles, was ihr habt, wird eines Tages verschenkt werden;

Darum gebet nun, auf daß die Zeit des Schenkens euch gehöre, und nicht euren Erben.

Bisweilen saget ihr: „Ich gäbe gerne, doch nur denen, die es verdienen."

Die Obstbäume eures Gartens reden nicht also, noch die Herden eurer Weiden.

Sie geben, auf daß sie leben dürfen, denn zurückhalten heißt verderben.

Wahrlich, wer würdig ist, seine Tage und Nächte zu empfangen, der ist wohl würdig aller Gaben aus eurer Hand.

Und wer verdient, vom Meere des Lebens zu trinken, der ist auch wert, seine Schale aus eurem Bächlein zu füllen.

Und welches Verdienst wäre größer als der Mut und das Vertrauen und die Barmherzigkeit, die im Empfangen liegt?

Und wer seid ihr denn, daß andre sich den Busen aufreißen und ihren Stolz entschleiern sollten, auf daß ihr ihren Wert nackt und ihren Stolz ohne Scham erschauen möchtet?

Trachtet erst danach, selber zu verdienen, ein Geber und ein Werkzeug des Gebens zu werden.

Denn fürwahr, es ist das Leben, das dem Leben gibt — derweil ihr, die ihr euch als Geber dünket, nur Zeugen seid.

Und ihr, Empfangende — und ihr seid alle Empfangende — belastet euch nicht mit dem Gewicht des Dankes, auf daß ihr kein Joch bürdet auf euch und auf den Gebenden.

Erhebt euch lieber gemeinsam mit dem Geber auf seinen Gaben, als seien es Schwingen;

Denn sich seiner Schuld zu eingedenk sein, wäre ein Bezweifeln seiner Wohltaten, deren Mutter die freigebige Erde und deren Vater Gott ist.

VOM ESSEN UND TRINKEN

Darauf sprach ein alter Mann, ein Gastwirt: „Rede uns vom Essen und Trinken."

Und er sprach also:

Ach! könntet ihr doch leben vom Duft der Erde und euch nähren am Licht, gleich einem Luftgewächse!

Aber da ihr gezwungen seid zu töten, um zu essen, und zu rauben dem Neugeborenen seiner Mutter Milch, um euren Durst zu stillen, so machet aus dem Zwang einen Akt der Verehrung.

Und euer Tisch sei ein Altar, auf dem das Reine und Unschuldige aus Wald und Flur geopfert werde für das, was im Menschen noch reiner und unschuldiger ist.

Tötet ihr ein Tier, so spreche euer Herz zu ihm:

„Durch die gleiche Macht, die dich erschlägt, werd' ich erschlagen; und auch ich werde verzehret.

Denn das Gesetz, das dich ausliefert meiner Hand, liefert mich einer mächtigeren Hand aus.

Dein Blut und mein Blut ist nichts als der Saft, der den Baum des Himmels nähret."

Und zermalmt ihr einen Apfel unter den Zähnen, so spreche euer Herz zu ihm:

„Dein Same wird leben in meinem Körper,

Und deine Knospen von morgen werden aufblühn in meinem Herzen,

Und dein Duft wird mein Atem sein,

Und gemeinsam werden wir uns freun aller Zeiten des Jahres."

Und im Herbste, wenn ihr die Trauben eurer Weinberge für die Kelter erntet, so spreche eurer Herz:

„Auch ich bin ein Weinberg, und meine Trauben werden gelesen für die Kelter,

Und gleich neuem Weine werd' ich verwahrt in ewigen Gefäßen."

Und im Winter, wenn ihr den Wein zapfet, sei ein Lied in eurem Herzen;

Und in dem Lied sei ein Gedenken an die Tage des Herbstes und an den Weinberg und die Traubenkelter.

VON DER ARBEIT

Dann sprach ein Ackermann: „Rede uns von der Arbeit."

Und er antwortete also:

Ihr schaffet, um mit der Erde und der Erdenseele Schritt zu halten.

Denn Müßigsein heißt den Jahreszeiten fremd werden und austreten aus dem Kreislauf des Lebens, das in Würde und stolzer Ergebung der Unendlichkeit entgegenschreitet.

So ihr schaffet, seid ihr eine Flöte, durch deren Seele das Geflüster der Stunden zu Musik wird.

Wer von euch wäre gerne still und stumm wie ein Rohr, derweil alles um ihn her im Einklang singet?

Es wurde euch stets gesagt, die Arbeit sei ein Fluch und ihre Wehen ein Unheil.

Doch ich sage euch, durch euer Wirken erfüllt ihr jenen Teil des fernsten Erdentraumes, der euch bei der Geburt dieses Traumes zugewiesen.

Und so ihr die Wehen des Werkes auf euch nehmet, liebt ihr das Leben wahrhaftig.

Und das Leben lieben, inmitten der Wehen, heißt vertraut sein mit des Lebens innerstem Geheimnis.

Doch nennet ihr in eurer Pein die Geburt ein Übel und das Leiden des Fleisches einen Fluch, der auf eurer Stirn geschrieben steht, so sag ich euch: nur der Schweiß eurer Stirn wird hinwegwaschen, was darauf geschrieben ward.

Weiter wurde euch gesagt, das Leben sei dunkel, und

in eurer Erschöpfung wiederholt ihr die Worte der Erschöpften.

Doch ich sage euch: Fürwahr, das Leben ist dunkel, so der Trieb fehlt.

Und jeder Trieb ist blind, wo das Wissen mangelt.

Und jedes Wissen ist eitel, wo das Werk ausbleibt.

Und jedes Werk ist leer, worin keine Liebe ist.

Doch schaffet ihr mit Liebe, so bindet ihr euch selber, und aneinander, und an Gott.

Und was heißt mit Liebe schaffen?

Es heißt das Tuch weben mit Fäden, gezogen aus eurem Herzen, als solle eure Geliebte das Tuch tragen.

Es heißt ein Haus bauen mit Leidenschaft, als solle eure Geliebte darin wohnen.

Es heißt Samen säen mit Sorgfalt und ernten mit Freude, als solle eure Geliebte die Frucht verzehren.

Es bedeutet, alle Dinge die ihr schaffet mit dem Atem eures Geistes füllen,

In dem Wissen, daß alle Seligen um euch stehen und Wache halten.

Oft höre ich euch reden, als sprächet ihr im Schlafe: „Wer in Marmor schaffet und im Stein die Gestalt seiner Seele findet, ist edler als jener, der den Boden pflügt.

Und wer nach dem Regenbogen greift und ihn nach dem menschlichen Ebenbilde auf die Leinwand setzt, ist mehr als jener, der die Riemenschuhe für unsere Füße herstellt."

Aber ich sage euch — und nicht im Schlafe, doch im Überwachsein der Mittagsstunde: — Der Wind redet nicht süßer zu den Rieseneichen als zum geringsten aller Grashalme;

Und nur der ist groß, der die Stimme des Windes verwandelt in ein Lied, und durch dessen Liebe dies Lied noch süßer wird.

Arbeit ist sichtbar gewordene Liebe.

Und vermöget ihr nicht mit Liebe zu schaffen, doch nur mit Widerwillen, so verlasset lieber eure Arbeit und setzet euch an das Tor des Tempels, um Almosen zu empfangen von jenen, die freudig arbeiten.

Denn so ihr Brot gleichgültig backet, backt ihr ein bitteres Brot, das den menschlichen Hunger nur halb stillt.

Und so ihr die Trauben mit Murren presset, träufelt euer Groll ein Gift in den Wein.

Und sänget ihr auch den Engeln gleich und liebetet Singen nicht, so trübetet ihr nur das Ohr der Menschen für die Stimmen des Tags und die Stimmen der Nacht.

VON FREUD UND LEID

Dann sprach ein Weib: „Rede uns von Freud und Leid."

Und er antwortete:

Eure Freude ist entlarvtes Leid.

Und dieselbe Quelle, aus der euer Lachen entspringt, ward oft erfüllet von euren Tränen.

Und wie könnte es anders sein?

Je tiefer das Leid in eurem Innern bohrt, um so mehr Freude vermöget ihr zu fassen.

Ist nicht die Schale, die euren Wein enthält, das gleiche Gefäß, das im Ofen des Töpfers gebrannt?

Und ist nicht die Laute, die euer Leid lindert, das gleiche Holz, das von Messern durchbohrt ward?

Seid ihr fröhlich, so spähet tief in eurem Herzen und ihr werdet entdecken, daß nur, was euch Leiden schuf, euch auch Freuden bringt.

Seid ihr betrübt, so spähet wiederum in eurem Herzen, und ihr werdet finden, daß ihr in Wahrheit weinet um gewesene Wonne.

Etliche von euch sagen: „Freude ist größer denn Kummer", und andere sagen: „Nein, Kummer ist größer als Freude."

Doch ich sage euch: beide sind unzertrennlich.

Sie kommen gemeinsam; und sitzet nur die eine oder der andere bei euch zu Tische, so bedenket, daß der eine oder die andere auf eurem Lager schlummert.

Wahrlich, wie die beiden Schalen einer Waage hanget ihr zwischen Leid und Freud'.

Nur wenn ihr leer seid, gelangt ihr zu Stillstand und Gleichgewicht.

Und so einst der Hüter des Schatzes euch emporhebet, um zu wiegen sein Gold und sein Silber, dann wird Freud' oder Leid in euch steigen oder fallen, unbedingt.

VOM WOHNEN

Darauf trat ein Maurer vor und sprach: „Rede uns vom Wohnen."

Und er antwortete also:

Schaffet euch eine selber ersonnene Laube in der Wüste, ehe ihr ein Haus baut zwischen den Mauern der Stadt.

Denn wie ihr Heimkehr feiert im Dämmerlicht, ebenso tut es der Wanderer in euch, der ewig ferne und einsame.

Euer Haus ist euer erweiterter, irdischer Leib.

Es wächst in der Sonne und schläft in der Stille der Nacht, und ist nicht ohne Träume. Oder träumt euer Haus etwa nicht? Und verläßt es im Traume nicht die Stadt für Hain und Hügel?

Ach, könnte ich doch eure Häuser in meine Hand raffen und sie, einem Sämann gleich, in Wald und Wiese ausstreuen!

Ach, wären doch die Täler eure Straßen und die grünen Pfade eure Gassen, auf daß ihr einander aufsuchen könntet durch Weinberge und kommen mit dem Duft der Erde in eurem Gewande.

Aber noch ist dies unmöglich.

In ihrer Angst drängten euch eure Vorfahren zu nahe zusammen. Und diese Angst wird noch ein Weilchen währen. Ein Weilchen noch werden eure Stadtmauern euren Herd von euren Fluren trennen.

Und saget mir, Leute von Orphalese, was habt ihr denn

in euren Häusern? und was ist's, das ihr hinter verschlossenen Türen verwahret?

Habt ihr Frieden, den ruhigen Trieb, der eure Macht offenbart?

Habt ihr Erinnerungen, die gleich schimmernden Gewölben die Gipfel des Geistes überspannen?

Habt ihr Schönheit, die das Herz ablenkt von Dingen aus Holz und Stein geschaffen und sie zum Heiligen Berge leitet?

Sagt, habt ihr derlei in eurem Hause?

Oder habt ihr nur Bequemlichkeit und das Gelüste nach Bequemlichkeit, jenem verstohlenen Ding, das euer Haus betritt als Gast, um nachher den Wirt und später den Herrn zu spielen?

Und wahrlich, es wird euch zum Bändiger und — Peitsche und Haken in der Hand — treibt es mit euren höheren Wünschen sein Drahtpuppenspiel.

Sind auch seine Hände aus Seide, so hat es ein Herz aus Eisen. Es lullt euch in Schlaf, nur um neben eurem Bette zu stehn und die Würde des Fleisches zu verhöhnen.

Es verspottet eure gesunden Sinne und bettet sie in Distelwolle, als seien es zerbrechliche Gefäße.

Fürwahr, die Lust nach Bequemlichkeit mordet die Leidenschaft der Seele und folgt dann grinsend ihrem Leichenzug.

Doch ihr, Kinder des Raumes, Rastlose in der Ruhe, ihr sollt nicht in diese Falle geraten, noch gebändigt werden.

Euer Haus sei ein Mast, nicht ein Anker.

Es sei nicht ein schillerndes Häutchen, das eine Wunde verdeckt, aber ein Augenlid zum Schutze des Auges.

Ihr sollt nicht eure Flügel falten, damit ihr durch die Pforten kommt, noch das Haupt beugen, damit es nicht gegen die Decke stoße, noch Angst haben zu atmen, damit die Wände nicht bersten und einfallen.

Ihr sollt nicht wohnen in Grabgewölben, geschaffen von den Toten für die Lebenden.

Und wenngleich von Pracht und Herrlichkeit, so hüte euer Haus nicht euer Geheimnis, noch schütze es euer Gelüst.

Denn was grenzenlos in euch ist, wohnet im Herrenhaus des Himmels, und seine Tore sind die Nebelschleier des Morgens und seine Fenster das Singen und Schweigen der Nacht.

VON DER KLEIDUNG

Und ein Weber sprach: „Red uns von der Kleidung."

Und er antwortete:

Eure Kleidung verbirgt manches an euch, was schön ist, doch verhehlt sie nicht, was unschön ist.

Und sucht ihr auch in eurem Gewande die Freiheit der Verborgenheit, so mag es geschehen, daß ihr darin einen Harnisch und eine Kette versteckt findet.

Ach, könntet ihr doch der Sonne und dem Winde mit

mehr von eurer Körperhaut und weniger Bekleidung entgegeneilen!

Denn Sonnenlicht ist der Odem des Lebens, und die Hand des Lebens ist der Wind.

Etliche von euch sprechen: „Es ist der Nordwind, der die Kleider webte, die wir tragen.

Und ich sage: Wahrlich, es war der Nordwind;

Doch Scham war sein Webstuhl und geschwächte Sehnen waren sein Garn.

Vergesset nicht: Züchtigkeit ist nur ein Schild gegen die Augen der Unreinen.

Und gäbe es einst keine Unreinen mehr, was wäre Züchtigkeit dann anders als eine Fessel und eine Verderbtheit des Geistes?

Und vergesset auch dieses nicht: Es gefällt der Erde wohl, von euren nackten Füßen berührt zu werden, und der Wind verlangt danach, mit eurem Haar zu spielen."

VOM KAUFEN UND VERKAUFEN

Und ein Kaufmann sprach: „Rede uns vom Kaufen und Verkaufen."

Und er antwortete also:

Für euch trägt die Erde ihre Früchte, und ihr werdet nicht Mangel leiden, so ihr nur wisset eure Hände zu füllen.

Im Austausch der Gaben dieser Erde werdet ihr Fülle finden und gesättigt werden.

Doch geschieht dieser Austausch nicht mit Liebe und milder Gerechtigkeit, so führt er nur die einen zur Habgier und die anderen zum Hunger.

Arbeiter des Meeres, der Felder und der Weinberge, so ihr zusammentreffet auf dem Marktplatze mit den Webern und Töpfern und Sammlern von Gewürzen,

Beschwöret den hehren Geist der Erde, auf daß er erscheine in eurer Mitte und heilige die Waage und die Berechnung, die Wert gegen Wert wiegt.

Und duldet nicht in euren Geschäften die Teilnahme derer, die mit leeren Händen kommen und ihre Worte gegen eure Ware verkaufen möchten.

Zu jenen sollet ihr sagen:

„Kommt mit uns zum Felde, oder fahret mit unsren Brüdern zur See und werfet eure Netze aus;

Denn Land und Meer schenken in reicher Fülle, euch wie uns."

Und kommen Sänger und Tänzer und Flötenspieler, so kaufet auch von ihren Gaben.

Denn auch sie sind Sammler von Früchten und Weihrauch, und was sie bringen, so auch aus Träumen gebildet, ist Kleidung und Nahrung für eure Seele.

Und ehe ihr den Marktplatz verlasset, sehet zu, daß keiner davongehe mit leeren Händen.

Denn der hehre Geist der Erde wird nicht friedlich ruhen überm Winde, bis gestillet seien die Nöte der Geringsten unter euch.

VON SCHULD UND SÜHNE

Dann trat ein Richter der Stadt vor und sprach: „Rede uns von Schuld und Sühne."

Und er antwortete also:

Wenn euer Geist abschweift, den Wind unter sich,

So begeht ihr, allein und unbewacht, ein Unrecht an andren und somit an euch selber.

Und für dies begangene Unrecht müßt ihr eine Weile pochen und harren am Tore der Seligen, ehe euch geöffnet wird.

Wie das Meer ist das Göttliche in euch.

Es bleibt ewig unbefleckt.

Und dem Äther gleich, erhebt es nur was beschwingt ist.

Wahrlich, wie die Sonne ist das Göttliche in euch;

Es kennt nicht die Gänge des Maulwurfs, noch sucht es die Höhlen der Schlange.

Doch das Göttliche wohnt nicht allein in eurer Brust.

Vieles in euch ist noch Mensch, und vieles in euch ist noch nicht Mensch,

Sondern ein formloser Zwerg, schlafwandelnd im Nebel, sein Erwachen suchend.

Doch von dem Menschen in euch möchte ich reden.

Denn er ist's — und nicht das Göttliche in euch, noch der Zwerg im Nebel — der Schuld und Sühne kennt.

Oft höre ich euch reden von einem der Unrecht tat, als sei er nicht einer von euch, sondern ein Fremdling unter euch und ein Eindringling in eurer Welt.

Doch ich sage euch: Wie der Heilige und Gerechte nicht

höher steigen kann als das Heiligste, das in jedem von euch wohnet,

Ebenso kann der Böse und Schwache nicht tiefer fallen, als das niedrigste, das in euch liegt.

Und wie ein einzeln Blatt nicht vergilbt, ohne das stumme Wissen des ganzen Baumes,

So kann der Übeltäter kein Unrecht tun, ohne den verborgenen Willen von euch allen.

Wie im Festzuge wandelt ihr gemeinsam eurem göttlichen Ich entgegen.

Ihr seid der Weg und die Wanderer.

Und fällt einer von euch nieder, so fällt er für jene hinter ihm, als Warnung vor dem Stein, woran er gestrauchelt.

Wahrlich, er fällt sogar für jene vor ihm, die, wenn auch flinker und sichrer zu Fuße, dennoch versäumten, den Stein des Anstoßes aus dem Wege zu räumen.

Und noch ein Wort, mag es auch schwer auf eurem Herzen wiegen:

Der Ermordete ist nicht ohne Verantwortung an seiner Ermordung.

Und der Beraubte ist nicht ohne Tadel wegen seiner Beraubung.

Der Rechtschaffene ist nicht ohne Schuld an den Taten des Bösen.

Und der, dessen Hände unbefleckt, ist nicht rein von den Vergehen des Verbrechers.

Fürwahr, der Schuldige ist oft das Opfer des Geschädigten.

Und noch öfter wird der Verurteilte zum Träger für die Lasten des Unschuldigen und Tadellosen.

Ihr vermöget nicht den Gerechten vom Ungerechten zu trennen, noch den Guten vom Bösen,

Denn vor dem Antlitz der Sonne stehen sie beieinander, so wie der schwarze Faden und der weiße zusammen verwebt sind.

Und reißt der schwarze Faden, so muß der Weber das ganze Gewebe prüfen und auch den Webstuhl untersuchen.

Bringt einer von euch ein treuloses Weib vor Gericht, so wiege man auch das Herz des Mannes auf der Waage und messe seine Seele mit dem gleichen Maßstab.

Und wer die Schuldigen geißeln will, der forsche erst in der Brust der Beleidigten.

Und wer von euch im Namen der Gerechtigkeit strafen und die Axt setzen möchte an den Baum des Übels, der prüfe erst dessen Wurzeln;

Und wahrlich, er wird finden die Wurzeln des Guten und des Bösen, des Fruchtbaren und des Unfruchtbaren, dicht verflochten miteinander im stummen Schoße der Erde.

Und ihr Richter, die ihr gerecht sein möchtet,

Welches Urteil sprecht ihr über jenen, der, so auch rechtschaffen im Fleische, dennoch ein Dieb ist im Geiste?

Welche Strafe verhängt ihr über jenen, der im Fleische erschlägt und doch selber im Geiste erschlagen ist?

Und wie verfolgt ihr jenen, der ein Betrüger und Unterdrücker ist in der Tat,

Und doch selber gröblich beleidigt und gekränkt ist?

Und wie straft ihr jene, deren Reue allein schon größer ist als ihre Missetaten?

Ist nicht Reue das Strafgericht, das durch das Gesetz verhängt wird, dem ihr so gerne dienen möchtet?

Doch ihr vermöget nicht dem Unschuldigen Reue aufzuerlegen, noch das Herz des Schuldigen davon zu befreien.

Ungebeten wird Reue rufen in der Nacht, auf daß der Mensch wach bleibe und den Blick auf sich hefte.

Und ihr, die ihr vorgebet Gerechtigkeit zu verstehen, wie solltet ihr dessen fähig sein, so ihr nicht alle Taten betrachtet, im vollen Lichte?

Erst dann werdet ihr wissen, daß der Aufrechte und Gefallene wie *ein* Mensch sind, stehend im Dämmern zwischen der Nacht seines Zwergseins und dem Tag seines göttlichen Ich,

Und daß der Eckstein des Tempels nicht höher ist, als der niedrigste Stein im Fundamente.

VON DEN GESETZEN

Darauf sprach ein Rechtsgelehrter: „Doch wie steht's mit unsren Gesetzen?"

Und er erwiderte:

Es ist euer Ergötzen, Gesetze zu verordnen,

Doch ist euer Ergötzen, sie zu brechen, noch größer,

Gleich Kindern, die am Meere spielen und unentwegt Sandburgen bauen, um sie dann lachend zu vernichten.

Doch derweil ihr eure Burgen aus Sand bauet, treibt das Meer weitren Sand ans Ufer,

Und wenn ihr sie vernichtet, lacht das Meer mit euch.

Wahrlich, das Meer lacht stets mit der Unschuld.

Doch wie steht's mit jenen, für die das Leben nicht ein Meer ist, und denen die von Menschen geschaffenen Gesetze keine Burgen aus Sand bedeuten,

Sondern für die das Leben ein Fels ist und das Gesetz ein Meißel, womit sie ihn gern behauen möchten, nach ihrem Ebenbilde?

Wie ist's um den Krüppel bestellt, der die Tänzer hasset?

Wie um den Ochsen, der sein Joch liebt und der den Elch und das Wild im Walde als verlaufenes, herrenloses Vieh betrachtet?

Wie um die alte Schlange, die ihre Haut nicht mehr abzuwerfen vermag und alle andren nackt und schamlos nennt?

Und wie um den, der zu früh beim Hochzeitsschmause erscheint und sich dann übersättigt und müde davonmacht mit der Behauptung, daß jedes Festmahl eine Entweihung sei und jeder Tischgenosse ein Übertreter des Gesetzes?

Von jenen vermag ich nur dies zu sagen: Auch sie stehen im Sonnenlichte, doch mit dem Rücken der Sonne zugekehret.

Daher sehen sie nur ihre Schatten, und dieser Schatten ist ihr Gesetz.

Und was ist die Sonne für sie anderes als ein Ding, das Schatten wirft?

Und was ist die Anerkennung dieses Gesetzes anderes als ein Sichniederbücken und ein Nachzeichnen seines Schattens auf dem Erdboden?

Doch ihr, die ihr wandelt nach der Sonne gewandt, wie vermöchte ein Schattenbild euch zu fesseln, das auf den Erdboden gezeichnet?

Ihr, die ihr wandert mit dem Winde, welch Wetterhahn soll euch den Weg weisen?

Welch Menschengesetz soll euch binden, so ihr euer Joch brechet, ohne damit euren Nächsten dem Kerker preiszugeben?

Welch Gesetz solltet ihr fürchten, so ihr tanzet, ohne gegen die eisernen Ketten eines andern zu stolpern?

Und wer sollte euch vor Gericht schleppen, so ihr euer Gewand wegreißet, ohne es einem andern in den Weg zu legen?

Leute von Orphalese, ihr könnt die Trommeln dämpfen und die Saiten der Leier lockern, doch wer soll der Lerche verbieten, ihr Lied zu zwitschern im Himmelblau?

VON DER FREIHEIT

Und ein Redner sprach: „Rede uns von der Freiheit."

Und er antwortete:

An den Toren der Stadt und an eurem Herde sah ich

euch fußfällig und in Verehrung von eurer Freiheit reden,

Gleich Sklaven in Demut vor einem Tyrannen, den sie preisen, obgleich er sie erschlägt.

Ja, selbst im Haine des Tempels und im Schatten der Burg sah ich die Freisten unter euch die Freiheit tragen wie ein Joch und eine Handfessel.

Und das Herz in mir blutet, denn ihr könnt nur frei sein, wenn schon allein der Wunsch nach Freiheit zu suchen euch zum Harnisch wird, und wenn ihr ablasset von Freiheit als Ziel und Erfüllung zu reden.

Frei seid ihr wahrlich nicht, so eure Tage frei sind von Sorge und eure Nächte von Kummer.

Vielmehr so diese beiden euer Leben umringen und ihr euch dennoch darüber erhebt, nackt und ungebunden.

Und wie solltet ihr euch über eure Tage und Nächte erheben, so ihr nicht brechet die Ketten, die ihr beim Morgengrauen eurer Vernunft um eure Mittagsstunde befestigt?

Wahrlich, was ihr Freiheit nennt, ist die stärkste dieser Ketten, mögen auch ihre Glieder in der Sonne schillern und eure Augen blenden.

Und was anders sind es als Bruchteile eures Ich, die ihr abwerfen möchtet, um zur Freiheit zu gelangen?

Ist es ein ungerechtes Gesetz, das ihr abschaffen möchtet, so habt ihr es euch eigenhändig auf die Stirn geschrieben.

Ihr könnt es nicht austilgen, indem ihr eure Gesetzbücher verbrennet, oder die Stirn eurer Richter abwaschet, gösset ihr auch das Meer darauf.

Und ist es ein Tyrann, den ihr enthronen möchtet, so trachtet erst danach, seinen Thron zu zerstören, den ihr ihm in eurer Brust errichtet.

Denn wie vermöchte ein Tyrann die Freien und Stolzen zu beherrschen, so nicht Tyrannei in ihrer eignen Freiheit und Schande in ihrem eignen Stolze schlummerten?

Und ist es eine Sorge, die ihr abwerfen möchtet, so ward diese Sorge eher von euch selbst gewählet als euch auferlegt.

Und ist es eine Angst, die ihr vertreiben möchtet, so liegt der Sitz dieser Angst in eurem Herzen und nicht in der Hand des Gefürchteten.

Wahrlich, alles webt in eurem Wesen in steter Verkettung, was ihr wünscht und fürchtet, was euch widerstrebt und anzieht, was ihr erstreben und meiden möchtet.

All dies bewegt sich in euch wie Licht und Schatten, paarweise verbunden.

Und verblasset der Schatten und ist nicht mehr, so wird das zaudernde Licht zum Schatten eines anderen Lichtes.

Und so wird eure Freiheit, sobald sie ihre Fesseln sprengt, selber zur Fessel einer größeren Freiheit.

VON VERNUNFT UND LEIDENSCHAFT

Und wieder ergriff die Priesterin das Wort und sprach: „Rede uns von Vernunft und Leidenschaft."

Und er antwortete also:

Eure Seele ist oft ein Schlachtfeld, auf dem Vernunft und Verstand einen Kampf ausfechten gegen Leidenschaft und Gelüst.

Oh, könnte ich doch Friedensstifter sein in eurer Seele und Mißklang und Zwietracht in eurem Wesen in Einklang und Harmonie verwandeln!

Doch wie vermöchte ich dies, so ihr nicht selber Friedensstifter seid, ja, so ihr nicht alle Wesensarten in euch liebet?

Vernunft und Leidenschaft sind das Ruder und die Segel eurer seefahrenden Seele.

Sind Segel oder Ruder gebrochen, so könnt ihr euch nur noch hin- und herwerfen und treiben lassen, oder auf offner See zum Stillstand gezwungen werden.

Denn Vernunft, wo sie allein waltet, ist eine einschränkende Kraft; und Leidenschaft ohne Wärter ist eine Flamme, die ihrer Selbstverzehrung entgegenbrennt.

Daher möge die Seele eure Vernunft zum Gipfel der Leidenschaft entflammen, auf daß sie singe;

Und möge sie eure Leidenschaft lenken mit Vernunft, auf daß diese Leidenschaft ihre tägliche Wiedergeburt erlebe und, dem Phönix gleich, aus eigener Asche auferstehe.

Ich wollte, ihr sähet in eurem Verstande und eurem Gelüst nichts anders als zwei geliebte Gäste in eurem Hause.

Sicher würdet ihr nicht den einen Gast mehr ehren als den andren; denn wer dem einen mehr Achtung zollt, verliert die Liebe und das Vertrauen beider.

Sitzet ihr auf den Hügeln, im kühlen Schatten weißer Pappeln, den Frieden und die Heiterkeit ferner Felder und Wiesen teilend, so spreche euer Herz in aller Stille: „Gott ruht in der Vernunft."

Und wenn der Sturm kommt und der gewaltige Wind den Wald schüttelt und Donner und Blitz die Hoheit des Himmels verkünden, dann spreche euer Herz in Ehrfurcht: „Gott regt sich in Leidenschaft."

Und da ihr ein Hauch seid in Gottes Welt und ein Blatt in Gottes Wald, solltet auch ihr ruhen in der Vernunft und euch regen in der Leidenschaft.

VOM SCHMERZ

Und eine Frau erhob die Stimme und sprach: „Rede uns vom Schmerz."

Und er antwortete:

Schmerz bedeutet das Brechen der Schale, die euer Verstehen umschließt.

Genau wie der Obstkern brechen muß, auf daß sein Herz der Sonne ausgesetzt sei, ebenso müßt auch ihr den Schmerz erleben.

Und vermöchtet ihr, das Staunen über die täglichen Wunder des Lebens in eurem Herzen lebendig zu bewahren, so schiene euch der Schmerz nicht minder wunderbar als die Lust;

Und ihr nähmet hin die Zeitläufte eures Lebens, so wie

ihr stets die Jahreszeiten hinnahmet, die über eure Felder gleiten;

Und ihr wachtet mit Heiterkeit durch die Wintertage eures Grams.

Vieles ist in eurem Schmerz selbsterwählt.

Es ist dies der bittre Trank, mit dem der Arzt in euch das kranke Ich heilt.

Daher trauet dem Arzte und trinket sein Heilmittel in Schweigen und Gelassenheit:

Denn seine Hand, wie schwer und hart sie auch sein mag, wird gelenkt von der milden Hand des Unsichtbaren,

Und der Kelch, den er reicht, so er euch auch die Lippen senge, ward gebrannt aus dem Lehme, den der Töpfer benetzte mit seinen heiligen Tränen.

VON DER SELBSTERKENNTNIS

Und ein Mann sprach: „Rede uns von Selbsterkenntnis."

Und er antwortete also:

Euer Herz weiß im stillen um die Geheimnisse der Tage und Nächte.

Doch euer Ohr dürstet nach dem Laut des Wissens in euch.

Ihr möchtet in Worten wissen, was eure Seele stets gewußt.

Ihr möchtet mit Händen rühren an den nackten Leib eurer Träume.

Und dem ist gut so.

Die verborgene Quelle muß unbedingt aus eurer Seele entspringen und murmelnd dem Meere zufließen;

Denn der Schatz in eurem tiefsten Innern möchte eurem Auge sichtbar werden.

Doch wieget nicht euren unbekannten Schatz auf einer Waage;

Und erforschet nicht die Tiefe eures Wissens mit dem Meßstock oder der Lotschnur.

Denn das Ich ist ein Meer ohne Maß und Grenzen.

Saget nicht: „Ich habe die Wahrheit gefunden“, — sagt lieber: „Ich habe eine Wahrheit gefunden.“

Saget nicht: „Ich habe den Pfad der Seele entdeckt“, — sagt lieber: „Ich habe die Seele getroffen, auf meinem Pfade wandelnd.“

Denn die Seele wandelt auf allen Pfaden.

Die Seele wandelt nicht auf einer Bahn, noch wächst sie wie ein Schilfrohr.

Die Seele entfaltet sich gleich einer Lotosblume, aus Blütenblättern ohne Zahl.

VOM LEHREN

Dann sprach ein Lehrer: „Rede uns vom Lehren."

Und er antwortete also:

Niemand vermag euch etwas zu offenbaren, das nicht schon halbschlummernd im Dämmern eures Wissens ruht.

Der Lehrer, der im Schatten des Tempels wandelt, gibt seinem Gefolge eher von seinem Glauben und seiner Liebe als von seiner Weisheit.

Ist er wahrhaftig ein Weiser, so fordert er euch nicht auf, das Haus seiner Weisheit zu betreten; eher geleitet er euch zur Schwelle eures eignen Geistes.

Der Sternkundige kann euch mitteilen, wie er den Weltenraum versteht, doch vermag er nicht, euch sein Verständnis zu geben.

Der Musiker mag euch etwas vorsingen und schwärmen vom Rhythmus im All, doch kann er euch weder das Ohr schenken, das diesen Rhythmus festhält, noch die Stimme, die ihn wiedergibt.

Und wer kundig ist in der Wissenschaft der Zahlen, kann euch berichten von den Bereichen von Gewicht und Maß, doch euch dorthin zu führen vermag er nicht.

Denn das Gesicht, das einem Menschen erscheint, verleiht seine Flügel keinem andren.

Und wie jeder von euch allein steht in Gottes Wissen, ebenso muß jeder von euch allein sein in seinem Wissen um Gott und seinem Verstehen der Erde.

VON DER FREUNDSCHAFT

Und ein Jüngling sprach: „Rede uns von der Freundschaft."

Und er antwortete also:

Dein Freund ist die Antwort auf deine Not.

Er ist das Feld, das du besäst mit Liebe und worauf du erntest mit Dankgebeten.

Und er ist dein Tisch und dein Herd.

Denn du kommst zu ihm mit deinem Hunger und du suchst bei ihm deinen Frieden.

Äußert dein Freund frei seine Meinung, so fürchte nicht das „Nein" in deiner Meinung, noch halte mit dem „Ja" zurück.

Und schweigt er, so lasse dein Herz nicht ab, auf das seine zu lauschen;

Denn in der Freundschaft werden alle Gedanken, alle Wünsche und Erwartungen geboren und geteilt, ohne Worte, und mit einer Freude, die keines Beifalles bedarf.

Scheidest du von deinem Freunde, so gräme dich nicht;

Denn was du am meisten an ihm liebst, mag in seiner Abwesenheit klarer werden, wie der Berg dem Wanderer von der Ebene aus klarer erscheint.

Und deine Freundschaft verfolge kein weiteres Ziel als ein Vertiefen des Geistes.

Denn Liebe, die etwas sucht außer der Offenbarung ihres eigenen Mysteriums, ist nicht Liebe, sondern ein ausgeworfenes Netz: und nur das Wertlose wird darin gefangen.

Das beste, was du hast, sei für deinen Freund.

Wenn er um die Ebbe deiner Flutzeiten wissen muß, so laß' ihn auch um deren Hochwasser wissen.

Denn was wäre dein Freund, so du ihn nur aufsuchtest um Stunden totzuschlagen?

Suche ihn stets nur, um Stunden mit ihm zu erleben.

Denn er ist da, um das Fehlende in dir zu füllen, nicht deine Leere.

Und zu der Süße der Freundschaft geselle sich auch das Lachen und geteilte Lust.

Denn im Tau kleiner Dinge findet das Herz seinen Morgen und seine Erquickung.

VOM REDEN

Danach sagte ein Gelehrter: „Sprich über das Reden."

Und er antwortete also:

Ihr redet, sobald ihr aufhört mit euren Gedanken zufrieden zu sein.

Und so ihr nicht länger in der Einsamkeit des Herzens zu verweilen vermöget, lebt ihr in den Lippen, und der Laut ist euch eine Zerstreuung und ein Zeitvertreib.

Und in vielen eurer Gespräche wird das Denken halb ermordet.

Denn der Gedanke ist ein Vogel des Weltraumes, der in einem Käfig von Worten seine Flügel wohl zu entfalten vermag, doch nicht fliegen kann.

Es sind derer unter euch, die das Wort suchen aus Angst vor dem Alleinsein.

Denn das Schweigen der Einsamkeit enthüllt ihrem Auge das nackte Ich, und dem möchten sie entfliehn.

Und es sind derer, die reden, und ohne Wissen noch Vorbedacht eine Wahrheit offenbaren, die sie selber nicht begreifen.

Und es sind derer, die in sich die Wahrheit hegen, doch sie drücken sie nicht in Worten aus.

Im Busen solcher Menschen weilt der Geist in rhythmischem Schweigen.

Treffet ihr euren Freund am Wegesrand oder auf dem Marktplatze, so möge der Geist in euch eure Lippen rühren und eure Zunge lenken.

Möge die Stimme im Innern eurer Stimme zum Ohr seines Ohrs reden;

Denn seine Seele wird die Wahrheit eures Herzens bewahren, wie die Blume des Weines in der Erinnerung lebendig bleibt.

Sei auch seine Farbe vergessen und das Gefäß nicht mehr.

VON DER ZEIT

Und ein Sternenkundiger fragte: „Meister, was ist die Zeit?“

Und er antwortete:

Ihr möchtet die Zeit ermessen, die maßlose, unermeßliche.

Und ich möchte euren Wandel richten und selbst den Lauf eures Geistes lenken nach Stunden und Zeitbegriffen.

Aus der Zeit wollt ihr einen Strom machen, an dessen Ufern ihr euch niederlasset, um ihn im Vorbeifließen zu überwachen.

Doch das Zeitlose in euch weiß um die Zeitlosigkeit des Lebens,

Und es weiß, daß Gestern nur die Erinnerung an Heute ist, und Morgen nur der Traum von Heute,

Und daß, was in euch singt und sinnt, immer noch verweilet in den Grenzen jenes ersten Augenblickes, der die Gestirne in den Raum gestreut.

Wer unter euch fühlte nicht, daß die Macht der Liebe grenzenlos ist?

Und dennoch, wer fühlte nicht, daß diese Liebe, die Unbegrenzte, im Kern seines Wesens eingeschlossen ruht und nicht von einem Liebesgedanken zum andern, noch von einer Liebestat zur andern irret?

Und ist nicht Zeit, der Liebe gleich, ungeteilt und raumlos?

Doch könnt ihr es nicht vermeiden, die Zeit in eurem Denken nach Zeitbegriffen zu messen, so lasset eine jegliche Zeiteinheit alle übrigen umfassen.

Und das Heute halte die Vergangenheit umschlungen mit der Erinnerung, und die Zukunft mit der Sehnsucht.

VON GUT UND BÖSE

Und einer von den Ältesten der Stadt sprach: „Rede uns von Gut und Böse."

Und er antwortete:

Vom Guten in euch vermag ich zu reden, doch nicht vom Bösen.

Denn was ist das Böse anders als Gutes, das von seinem eigenen Hunger und Durst gefoltert?

Wahrlich, so das Gute hungrig ist, sucht es Nahrung in dunklen Höhlen, und dürstet es, so trinkt es selbst von totem Gewässer.

Und ihr seid gut, so ihr mit euch selber einig seid.

Doch seid ihr nicht mit euch einig, so seid ihr dennoch nicht schlecht.

Denn ein entzweites Haus ist nicht eine Räuberhöhle; es ist nur ein uneiniges Haus.

Und ein Schiff ohne Ruder mag ziellos irren unter gefahrvollen Inseln und dennoch nicht bis auf den Grund sinken.

Ihr seid gut, so ihr danach strebet, euch selber zu geben.

Denn so ihr nach Gewinn strebet, seid ihr nur eine Wurzel, die sich an die Erde klammert und an ihrer Brust saugt.

Wahrlich, die Frucht kann nicht zur Wurzel sprechen: „Sei wie ich, reif und voll und stets aus deiner Fülle gebend."

Denn das Geben ist der Frucht eine Notwendigkeit,

wie das Empfangen für die Wurzel eine Notwendigkeit bedeutet.

Ihr seid gut, so ihr völlig wach seid in eurer Rede,

Doch seid ihr nicht schlecht, so ihr schlaft, derweil eure Zunge ziellos stammelt.

Und selbst stolperndes Reden mag eine schwache Zunge stärken.

Ihr seid gut, so ihr festen und kühnen Schrittes eurem Ziele zustrebt.

Doch seid ihr nicht schlecht, so ihr hinkend darauf zugeht.

Denn auch die Hinkenden schreiten nicht rückwärts.

Doch ihr, die ihr stark und flink seid, sehet zu, daß ihr nicht vor den Lahmen hinket, in der Meinung, dies sei Güte jenen gegenüber.

Ihr seid gut in unzähligen Dingen, und ihr seid nicht schlecht, so ihr nicht gut seid,

Ihr seid nur säumig und träge.

Schade, daß der Hirsch der Schildkröte nicht die Schnellfüßigkeit beizubringen vermag!

In eurem Verlangen nach eurem höchsten Ich liegt eure Güte, und diese Sehnsucht lebt in jedem von euch.

Doch in etlichen unter euch ist diese Sehnsucht wie ein Gießbach, der mit Macht dem Meere entgegenrauschet und die Geheimnisse der Hügel und die Weisen des Waldes mit sich trägt.

Und in andern ist sie wie ein flacher Fluß, der sich in Winkeln und Windungen verliert und säumt, ehe er das Ufer erreicht.

Doch wer viel verlangt, spreche nicht zu jenem, der wenig verlangt: „Warum bist du so langsam und zaudernd?"

Denn der wahrhaft Gute fragt nicht den Nackten: „Wo ist dein Gewand?" — noch den Unbehausten: „Was ist mit deinem Haus geschehn?"

VOM GEBET

Darauf sprach eine Priesterin: „Rede uns vom Beten."

Und er antwortete also:

Ihr betet in eurem Elend und in eurer Not; ach, wolltet ihr doch auch beten in der Fülle eurer Freude und in den Tagen des Überflusses!

Denn was ist das Gebet anders als der Erguß eures Ich in das lebendige All?

Und gereicht es euch zum Troste, das Dunkel in euch in den Raum zu ergießen, so sei es auch euer Ergötzen, die Morgenröte eures Herzens darin ausströmen zu lassen.

Und könnt ihr nur weinen, wenn eure Seele euch zum Gebete auffordert, so sollte sie euch — trotz eurer Tränen — immer wieder dazu anspornen, bis ihr lachen werdet.

Betet ihr, so erhebt ihr euch gen Himmel und trefft dabei jene, die zur gleichen Stunde beten und denen ihr nur im Gebete zu begegnen vermöget.

Daher sei euer Verweilen in jenem unsichtbaren Tempel reine Verzückung und süße Teilnahme am Abendmahle.

Denn solltet ihr den Tempel nur betreten um zu bitten, so werdet ihr nicht empfangen.

Und solltet ihr ihn betreten, um euch zu erniedrigen, so werdet ihr nicht erhoben.

Oder solltet ihr ihn betreten, um für das Wohl anderer zu bitten, so werdet ihr nicht erhöret.

Es ist genug an sich, *daß* ihr den unsichtbaren Tempel betretet.

Ich kann euch nicht lehren, wie ihr in Worten beten sollt.

Gott lauscht nicht auf eure Worte, es sei denn, daß Er sie selber durch eure Lippen ausspreche.

Und ich kann euch nicht das Gebet der Meere, Wälder und Berge lehren.

Doch ihr, die ihr geboren seid von diesen Bergen, Wäldern und Meeren, ihr vermöget wohl ihr Gebet zu finden in eurem Herzen,

Und lauschet ihr nur in der Stille der Nacht, so werdet ihr sie in ihrem Schweigen sprechen hören:

„Vater unser, der du bist unser beschwingtes Ich, Dein Wille in uns wolle.

Dein Wunsch in uns wünsche.

Dein Drang in uns verwandle unsre Nächte, die Dein sind, in Tage, die auch Dir gehören.

Wir können Dich um nichts bitten, denn Du weißt, was uns not tut, ehe das Bewußtsein dessen in uns geboren ist:

Denn Du bist uns not; und gibst Du uns mehr von Dir selber, so gibst Du uns alles."

VON DER LUST

Dann trat ein Einsiedler vor, der einmal im Jahre in die Stadt kam, und sprach: „Rede uns von der Lust."

Und er antwortete also:

Lust ist ein Lied der Freiheit,
Doch sie ist keine Freiheit.
Sie ist die Blütezeit eurer Begehren,
Doch sie ist nicht deren Frucht.
Sie ist eine Tiefe, die eine Höhe anruft,
Doch sie ist weder tief noch hoch.
Sie ist das im Käfig Gefangene, das hinausfliegt,
Doch das Raumumfassende ist sie nicht.

Wahrlich, ich sage euch: Lust ist ein Lied der Freiheit.

Und ich möchte es euch gerne singen hören, aus vollem Herzen; doch möchte ich nicht, daß ihr beim Singen euer Herz verlöret.

Einige unter euern Jünglingen suchen die Lust, als sei sie alles, und sie werden darob verurteilt und getadelt.

Ich würde sie nicht verurteilen, noch tadeln. Ich würde sie suchen lassen.

Denn sie werden die Lust finden, doch nicht sie allein:

Sieben an der Zahl sind ihre Schwestern, und die geringste von ihnen ist schöner als Lust.

Habt ihr nicht von dem Manne vernommen, der in dem Erdboden nach Wurzeln grub und dabei einen Schatz entdeckte?

Und etliche der Ältesten unter euch entsinnen sich ihrer Freuden mit Bedauern, als seien sie Unrecht, begangen in der Trunkenheit.

Doch Bedauern ist ein Umwölken des Geistes und nicht dessen Züchtigung.

Sie täten besser daran, sich ihrer Freuden zu entsinnen mit Dankbarkeit, wie sie es nach der Ernte eines Sommers zu tun pflegen.

Doch ist ihnen ihr Bedauern ein Trost, so sollen sie damit getröstet werden.

Und es gibt derer unter euch, die weder jung genug sind, um zu suchen, noch alt genug, um sich zu erinnern;

Und in ihrer Angst vor dem Suchen und Erinnern, meiden sie alle Freuden, auf daß sie nicht ihren Geist vernachlässigen, oder sich daran zu versündigen.

Doch selbst in ihrem Verzicht liegt eine Wollust.

Und so finden auch sie einen Schatz, wenn sie auch mit bebenden Händen nach Wurzeln graben.

Doch saget mir, wer vermöchte es, sich am Geiste zu vergehen?

Wird die Nachtigall die Stille der Nacht verletzen, oder der Leuchtkäfer das Licht der Sterne?

Und wird eure Flamme oder eure Rauchwolke den Wind belästigen?

Glaubt ihr, der Geist sei ein stiller Pfuhl, den ihr mit einem Stecken trüben könntet?

Indem ihr euch eine Lust versaget, verlagert ihr oft nur das Verlangen danach in die dunklen Winkel eures Wesens.

Wer weiß? Was heute unterlassen scheint, wartet vielleicht auf morgen.

Selbst euer Leib kennt sein Erbe und was ihm rechtmäßig not tut, und er will nicht darum betrogen werden.

Und euer Leib ist die Harfe eurer Seele,

Und es steht bei euch, daraus süße Laute zu locken, oder nur verworrenes Geräusch.

Und nun fraget ihr in eurem Herzen: „Wie sollen wir unterscheiden, was in der Lust gut ist, von dem was nicht gut ist?

Geht auf eure Felder und in eure Gärten, und ihr werdet erkennen, daß es die Lust der Biene ist, den Honig der Blume zu sammeln;

Doch es ist auch die Lust der Blume, ihren Honig der Biene zu gewähren.

Denn der Biene ist die Blume ein Quell des Lebens,

Und der Blume ist die Biene eine Botin der Liebe,

Und für beide, Biene und Blume, ist das Geben und Empfangen der Lust eine Not und Verzückung.

Leute von Orphalese, seid in der Lust den Blumen und Bienen gleich.

VON DER SCHÖNHEIT

Und ein Dichter sprach: „Rede uns von der Schönheit."

Und er antwortete:

Wie solltet ihr Schönheit suchen und wo sie finden, wäre sie nicht selber euer Weg und euer Wegweiser?

Und wie solltet ihr davon sprechen, so sie nicht eure Worte selber webet?

Die Betrübten und Verletzten sprechen: „Schönheit ist Güte und Sanftmut.

Gleich einer jungen Mutter, halb eingeschüchtert von ihrer eignen Herrlichkeit, wandelt sie unter uns."

Und die Leidenschaftlichen sprechen: „Die Schönheit ist ein Wesen, mächtig und schrecklich.

Dem Sturme gleich erschüttert sie die Erde unter uns und den Himmel über uns."

Die Müden und Matten sprechen: „Schönheit ist ein sanftes Geflüster. Sie redet in unsrem Geiste.

Ihre Stimme schwindet vor unserm Schweigen, gleich einem schwachen Lichte, das in Angst vor dem Schatten erzittert."

Doch die Rastlosen sprechen: „Wir haben sie gehört in den Bergen jauchzend,

Und begleitet von ihren Rufen, erscholl der Laut von Hufen und das Rauschen von Flügeln und das Gebrüll von Löwen."

Bei Nacht sprechen die Wächter der Stadt: „Schönheit wird auferstehen mit dem Morgenrot im Osten."

Und zur Mittagszeit sprechen die Arbeiter und müden

Wanderer: „Wir erblickten sie über die Erde geneiget an den Fenstern der Abendröte."

Im Winter sprechen die Eingeschneiten: „Sie wird kommen mit dem Lenze und hüpfen auf den Hügeln."

Und in des Sommers Hitze sprechen die Schnitter: „Wir sahen sie tanzen mit den Blättern des Herbstes, eine Schneeflocke im Haare."

All dies habt ihr von der Schönheit geredet.

Doch habt ihr wahrhaftig nicht von ihr geredet, sondern von euren ungestillten Nöten,

Und Schönheit ist nicht eine Not, sondern ein Entzücken.

Sie ist weder ein dürstender Mund noch eine leer ausgestreckte Hand,

Aber sie ist ein loderndes Herz und eine verzauberte Seele.

Sie ist weder das Bild, das ihr gerne sehen, noch die Weise, die ihr gerne hören möchtet;

Sie ist eher ein Bild, das ihr erblickt, sei auch euer Auge zugefallen, und sie ist ein Lied, das ihr vernehmet, sei auch euer Ohr verschlossen.

Sie ist weder der Saft in einer runzligen Rinde noch ein Flügel geheftet an eine Klaue,

Aber sie ist ein Garten immerdar in Blüte, und eine Engelschar in stetem Fluge.

Leute von Orphalese, Schönheit ist Leben, so es sein heiliges Antlitz entschleiert.

Doch ihr seid das Leben und ihr seid der Schleier.

Schönheit ist Ewigkeit, die sich in einem Spiegel anblickt.

Doch ihr seid der Spiegel und ihr seid die Ewigkeit.

VON DER RELIGION

Und ein alter Priester sprach: „Rede uns über die Religion."

Und er antwortete also:

Hab' ich denn am heutigen Tage von irgend etwas anderm geredet?

Ist Religion nicht eine jegliche Tat und Betrachtung?

Und ist sie nicht gleichzeitig weder Tat noch Betrachtung, sondern ein Wunder und ein Erstaunen, das dauernd aus der Seele quillt, selbst derweil die Hände den Stein behauen oder den Webstuhl besorgen?

Wer vermöchte sein Vertrauen zu trennen von seinen Taten, oder seinen Glauben von seinen Beschäftigungen?

Wer vermag seine Stunden vor sich auszubreiten und sprechen: „Dies ist für Gott und das für mich; dies für meine Seele und das für meinen Leib?"

All eure Stunden sind Flügel, die sich durch den Weltraum bewegen, vom Ich zum Ich.

Wer seine Frömmigkeit nur als bestes Gewand trägt, täte besser daran, nackt zu bleiben.

Der Wind und die Sonne werden keine Löcher in seine Haut reißen.

Und wer seinen Lebenswandel gemäß der Sittenlehre begrenzt, kerkert seinen Singvogel in einen Käfig.

Das schönste Lied der Freiheit dringt nicht durch Gitter und Stacheldraht.

Und wem der Gottesdienst ein Fenster ist, das man öffnet, aber auch schließt, der ist noch nicht eingekehrt in das Haus seiner Seele, dessen Fenster offen stehen, von einem Morgenrot zum andren.

Euer täglich Leben ist euer Tempel und eure Religion.

So oft ihr ihn betretet, bringet euer Alles mit:

Bringt den Pflug und die Schmiede und den Hammer und die Laute,

Die Dinge, die ihr formet aus Notwendigkeit, oder zum Ergötzen.

Denn in der Andacht könnt ihr nicht höher steigen als eure Leistungen, noch tiefer sinken als eure Vergehen.

Und gewähret allen Mitmenschen Einlaß:

Denn in der Verehrung könnt ihr nicht höher fliegen als *ihr* Hoffen und nicht tiefer sinken als *ihre* Hoffnungslosigkeit.

Und so ihr Gott erkennen möchtet, werdet nicht darob zum Rätsellöser.

Blicket lieber um euch, und ihr werdet Ihn erschauen, wie Er mit euren Kindern spielt.

Und blicket in den Weltraum; und ihr werdet Ihn in den Wolken wandeln sehn, wie Er seine Arme recket im Blitze und herabwallet im Regen.

Ihr werdet Ihn erschauen, wie Er lächelt in den Blumen und dann emporsteigt und mit Seinen Händen winkt in den Bäumen.

VOM TODE

Dann sprach Almitra: „Wir möchten dich nun über den Tod befragen."

Und er antwortete also:

Ihr möchtet wissen um das Geheimnis des Todes.

Doch wie solltet ihr es entdecken, so ihr nicht danach forschet im Herzen des Lebens?

Die Eule, deren auf die Nacht beschränkte Augen am Tage erblinden, vermag nicht, das heilige Geheimnis des Lichtes zu entschleiern.

So ihr wahrhaftig den Geist des Todes erschauen wollet, öffnet weit euer Herz dem Leibe des Lebens.

Denn Leben und Tod sind eins, so wie Fluß und Meer eins sind.

In der Tiefe eures Hoffens und Wollens liegt euer stillschweigendes Wissen um das Jenseits;

Und dem Samen gleich, der unter dem Schnee träumet, so träumt euer Herz von dem Lenze.

Trauet euren Träumen, denn das Tor der Ewigkeit ist darin verborgen.

Eure Furcht vor dem Tode ist nur das Zittern des Hirten, so er stehet vor dem König, dessen Hand sich als Zeichen des Wohlwollens auf ihn legt.

Ist der Hirt unter seinem Zittern nicht der Freude voll, daß er das Zeichen des Königs tragen darf?

Und dennoch, ist er sich nicht weit mehr seines Zitterns bewußt?

Denn was bedeutet Sterben anders als nackt im Winde stehn und in der Sonne zerfließen?

Und was bedeutet das Stocken des Atems anders als dessen Befreiung aus den rastlosen Fluten, auf daß er sich erhebe und entfalte und Gott suche, unbeschwert?

Erst so ihr trinket aus dem Flusse des Schweigens, werdet ihr wahrhaft singen.

Und erst so ihr den Gipfel des Berges erklommen, werdet ihr anfangen zu steigen.

Und erst, so die Erde ihren Anspruch erhoben auf eure Gliedmaßen, werdet ihr wahrhaft tanzen.

DER ABSCHIED

Und nun war es Abend geworden.

Und Almitra, die Seherin, sprach: „Gesegnet sei dieser Tag und dieser Ort und dein Geist, der geredet."

Und er erwiderte: „War ich denn der Redner? War ich nicht auch einer der Zuhörer?"

Dann stieg er die Stufen des Tempels hinab, und das ganze Volk um ihn geleitete ihn. Und er erreichte sein Schiff und blieb auf dem Deck stehen.

Und nochmals zu dem Volke gewandt, erhob er die Stimme und sprach:

Leute von Orphalese, der Wind gebietet mir, Abschied von euch zu nehmen.

Ich habe es minder eilig als der Wind, doch ich muß gehen.

Wir Wanderer, die wir stets den einsameren Pfad suchen, beginnen keinen Tag, wo wir den Tag vorher beendigt; und kein Morgenrot findet uns, wo uns das Abendrot verließ.

Selbst derweil die Erde schlummert, wandern wir.

Wir sind der Samen der beharrlichen Pflanze, und in der Reife und Fülle unseres Herzens sind wir dem Winde preisgegeben, der uns zerstreut.

Kurz waren meine Tage unter euch, und noch kürzer die Worte, die ich gesprochen.

Doch sollte meine Stimme in eurem Ohre verklingen und meine Liebe in eurem Gedächtnis entschwinden, so will ich wiederkommen,

Und mit einem Herzen, das sich bereichert, und mit Lippen, die dem Geiste willfähiger geworden, werde ich reden.

Wahrlich, ich werde wiederkehren mit der Flut;

Und möge auch der Tod mich verbergen und das größre Schweigen mich verhüllen, so werde ich dennoch wieder euer Verstehen suchen.

Und mein Suchen wird nicht vergeblich sein.

War etwas Wahres in dem was ich euch gesagt, so wird sich diese Wahrheit offenbaren in einer Stimme, die klarer geworden und in Worten, die eurer Denkart verwandter sind.

Ich fahre mit dem Winde, Leute von Orphalese, doch nicht hinab in die Leere;

Und ist dieser Tag nicht eine Erfüllung eurer Nöte und meiner Liebe, so sei er eine Verheißung für einen andren Tag.

Was dem Menschen not tut, ändert sich, doch nicht seine Liebe, noch sein Wunsch, daß diese Liebe seine Not stille.

Darum wisset, daß ich zurückkehren werde aus dem größeren Schweigen.

Der Nebel, der sich beim Morgenrot verzieht und nur Tau auf den Fluren zurückläßt, wird steigen und sich zu einer Wolke verdichten und dann herabfallen als Regen.

Nicht viel anders als der Nebel bin ich gewesen.

In der Stille der Nacht bin ich in euren Straßen gewandelt und mein Geist ist in eure Häuser eingekehret,

Und das Pochen eurer Herzen war in meinem Herzen,

und eure Atemzüge berührten mein Angesicht und ich kannte euch alle.

Wahrlich, ich kannte euch — in Freud und Leid — und die Träume eures Schlummers waren meine Träume.

Und oft war ich unter euch, gleich einem See zwischen den Bergen.

Es spiegelten sich darin die Gipfel in euch und die schiefen Hänge und selbst eure Gedanken und Verlangen, die gleich Herden daran vorbeizogen.

Und in mein Schweigen drang das Lachen eurer Kinder im Bächlein und die Sehnsucht eurer Jünglinge im Flusse.

Und mündeten Bach und Fluß in meinen Schoß, so ließen sie noch nicht ab, zu singen.

Doch süßer noch als Lachen und größer als die Sehnsucht kam etwas zu mir:

Es war das Grenzenlose in euch;

Der allumfassende Mensch, in dem ihr nur Zellen seid und Sehnen;

Er, neben dessen Gesang all euer Singen nur dumpfes Pochen ist.

In ihm, dem Allumfassenden, seid ihr allumfassend;

Und in seinem Anblick erschaute ich euch, und liebte euch.

Denn welche Fernen vermöchte Liebe zu erreichen, die nicht in diesem Allumfassenden wären?

Welche Gesichte, welche Erwartungen und Mutmaßungen vermöchten seinen Aufschwung zu überflügeln?

Wie eine Rieseneiche, bedeckt mit Apfelblüten, ist der allumfassende Mensch in euch.

Seine Macht bindet euch an die Erde, sein Duft hebt euch in den Weltraum und in seiner Dauer seid ihr unsterblich.

Es ward euch versichert, ihr seiet — einer Kette gleich — so schwach wie euer schwächstes Glied.

Dies ist nur die halbe Wahrheit: Ihr seid auch so stark wie euer stärkstes Glied.

Euch nach euer geringsten Tat zu bemessen, hieße die Gewalt des Weltmeeres nach der Zerbrechlichkeit seines Schaumes zu berechnen.

Euch nach euren Fehltritten zu beurteilen, hieße den Jahreszeiten ihre Unbeständigkeit vorzuwerfen.

Wahrlich, ihr gleichet einem Weltmeere.

Und harren auch Schiffe, auf festem Grund verankert, an euren Ufern auf die Flut, so vermöget ihr — genau wie das Weltmeer — dennoch nicht, eure Flutzeiten zu beschleunigen.

Und auch den Jahreszeiten gleichet ihr;

Denn so ihr auch in eurem Winter den Lenz eures Lebens verleugnet,

So lächelt doch der Lenz in euch in seiner Schlaftrunkenheit und fühlt sich nicht verletzet.

Glaubet nur nicht, daß ich all dies sage, damit ihr zueinander sprechen könnt: „Er lobt uns gar wohl. Er sah nur das Gute in uns."

Ich drücke nur in Worten aus, was ihr selber in euren Gedanken wisset.

Und was ist in Worten ausgedrücktes Wissen anders als der Schatten des Wissens ohne Worte?

Eure Gedanken und meine Worte sind die Wellen aus einem versiegelten Gedächtnis, das ein Verzeichnis führt unserer gestrigen Tage,

Und der Urtage, als die Erde weder uns noch sich selber kannte,

Und der Urnächte, als die Erde gärte vor Verwirrung.

Weise sind zu euch gekommen, um euch von ihrer Weisheit zu geben. Ich kam, um von eurer Weisheit zu nehmen.

Und sehet, ich habe gefunden, was größer ist als Weisheit:

Es ist der Geist einer Flamme in euch, die immer mehr aus sich herauswächst,

Derweil ihr — dieser Entfaltung achtlos — das Dahinwelken eurer Tage bejammert.

Nur ein Leben, das Leben im Leibe suchet, fürchtet das Grab.

Es gibt keine Gräber hier.

Diese Berge und Ebenen sind eine Wiege und ein Wegstein.

Jedesmal, so ihr an dem Acker vorbeigeht, worin ihr eure Vorfahren gebettet, sehet gut hin, und ihr werdet euch selber und eure Kinder Hand in Hand tanzen sehn.

Wahrlich, ihr seid oft vergnügt, ohne euer Wissen.

Andre sind zu euch gekommen, denen ihr für goldene Verheißungen, an euer Vertrauen gerichtet, nur Reichtum, Macht und Ruhm gegeben.

Ich gab euch nicht einmal ein Versprechen, und doch seid ihr noch freigebiger zu mir gewesen.

Ihr habt mir einen tiefen Durst gegeben nach dem Leben.

Gewiß gibt es kein größeres Geschenk für einen Menschen als das, was all seine Ziele in sengende Lippen und das ganze Leben in einen Born verwandelt.

Und darin liegt die Ehre und Belohnung, die ihr mir verliehen:

Daß ich jedes Mal, so ich zum Trinken an diesen Born komme, das lebendige Wasser selber durstig finde;

Und daß es mich trinkt, derweil ich es trinke.

Etliche unter euch hielten mich für zu stolz und schüchtern, ihre Gaben anzunehmen.

Zu stolz bin ich wahrhaftig, um Lohn anzunehmen, doch nicht um Gaben zu empfangen.

Und aß ich auch Beeren in den Hügeln, derweil ihr mich an eurem Tische haben wolltet,

Und schlief ich auch in der Vorhalle des Tempels, derweil ihr mich gern beherberget hättet,

So war es doch eure liebreiche Sorge um meine Tage und Nächte, die mir die Speise im Munde versüßte und meinen Schlummer mit Gesichten umschwebte.

Und darob segne ich euch am meisten:

Ihr gebet viel, und wisset gar nicht, daß ihr etwas gebet.

Die Güte dagegen, die sich im Spiegel anstarret, wird zu Stein.

Und die Wohltat, die sich mit Kosenamen benennet, wird die Mutter eines Fluches.

Und etliche von euch nannten mich unnahbar und meiner eignen Einsamkeit trunken,

Und ihr sprachet: „Er berät sich mit den Bäumen des Waldes, doch nicht mit den Menschen.

Er sitzt allein auf dem Gipfel der Berge und schaut auf unsre Städte herab!“

Es ist wahr, ich habe die Höhen erklommen und bin gewandert auf fernliegenden Gefilden.

Wie hätte ich euch zu sehen vermocht, wenn nicht von großer Höhe oder aus weiter Entfernung?

Wie kann man wahrhaftig nahe sein, so man nicht ferne ist?

Und andre unter euch rügen mich, ohne Worte, und sie sprachen:

„Fremdling, Fremdling, der du liebst unerreichbare Höhen,

Warum verweilest du auf den Gipfeln, wo der Adler sein Nest baut?

Warum suchst du, was unerlangbar ist?

Welche Stürme willst du fangen in deinem Netze,

Und was für nebelhafte Vögel verfolgst du im Himmel?

Komm und sei einer von uns!

Steig herab und still deinen Hunger mit unsrem Brote, und lösch deinen Durst mit unsrem Weine.“

In der Einsamkeit ihrer Seele reden sie so;

Doch wäre ihre Einsamkeit tiefer gewesen, so hätten

sie gewußt, daß ich nur das Geheimnis eurer Leiden und Freuden suchte,

Und nur nach eurem höhern Ich jagte, das im Himmel schwebt.

Doch der Jäger war auch das gejagte Wild;

Denn viele meiner Pfeile verließen nur meinen Bogen, um meine eigne Brust zu suchen.

Und der Flieger war auch das Kriechende;

Denn als sich meine Flügel entfalteten in der Sonne, da kroch ihr Schatten, der Schildkröte gleich, auf dem Erdboden.

Und ich, der Gläubige, war auch der Zweifler;

Denn oft tauchte ich den Finger in die eigne Wunde, auf daß mein Glaube an euch erstarke und mein Wissen um euch wachse.

Und in diesem Glauben und diesem Wissen sage ich euch:

Euer Ich ist nicht eingekerkert in eurem Leibe, noch ist es beschränkt auf eure Häuser und Felder.

Euer wahres Selbst weilt über dem Berge und streift mit dem Winde.

Es ist nicht etwas, das in der Sonne kriecht, um sich zu wärmen, oder sich ein Loch wühlt im Dunkel, um sicher zu sein;

Es ist ein freies Wesen, ein Geist, der die Erde umspannt und sich im Weltall bewegt.

Wenn dies unklare Worte sind, so suchet nicht, sie zu klären.

Unklar und nebelhaft ist der Anfang aller Dinge, doch nicht ihr Ende;

Und ich möchte gern, daß ihr meiner gedenkt als ein Anfang.

Das Leben und alles, was lebt, wird empfangen im Nebel, nicht im Kristall.

Und wer weiß? Vielleicht ist der Kristall nichts anders als Nebel in Verwesung.

So ihr meiner gedenket, vergesset nicht diese Worte:

Was am schwächsten und verworrensten scheint in euch, ist das stärkste und entscheidendste in euch.

Ist es nicht der schwache Atem, der den Bau eurer Knochen aufgerichtet und gehärtet?

Und ist es nicht ein Traum, dessen sich keiner mehr von euch entsinnt, der eure Stadt erbaute und alles formte, was darin ist?

Vermöchtet ihr nur, das Fluten dieses Atems zu erschauen, so würdet ihr alles andre nicht mehr sehen;

Und vermöchtet ihr das Geflüster des Traumes zu vernehmen, so würdet ihr keinen andren Laut mehr hören.

Doch ihr seht und höret nicht, und dem ist gut so.

Der Schleier, der eure Augen umwölkt, wird gelüftet werden von der Hand, die ihn wob,

Und der Lehm, der eure Ohren verstopft, wird durchbrochen werden von den Fingern, die ihn kneteten.

Und ihr werdet sehen.

Und ihr werdet hören.

Doch ihr werdet nicht bedauern, die Blindheit gekannt

zu haben, noch werdet ihr euch beklagen, taub gewesen zu sein.

Denn an jenem Tage werdet ihr den Sinn erkennen, der in allen Dingen verborgen.

Und ihr werdet das Dunkel preisen, wie ihr das Licht gepriesen.

Nachdem er dies gesprochen, schaute er um sich, und er sah den Lotsen seines Schiffes, der am Steuer saß und bald auf die vollen Segel, bald in die Ferne blickte.

Und er sprach:

Geduldig, allzu geduldig ist der Lenker meines Schiffes.

Die Winde wehn, und rastlos flattern die Segel.

Selbst das Ruder bittet um Befehle;

Doch ruhig wartet der Befehlshaber meines Schiffes, bis ich schweige.

Und hier meine Seeleute, die den Chor der offnen See vernommen, auch sie haben mir geduldig zugehört.

Nun sollen sie nicht länger warten.

Ich bin bereit.

Der Strom hat das Meer erreicht, und wieder hält die große Mutter den Sohn an ihrer Brust.

Lebt wohl, Leute von Orphalese.

Der Tag ist vollbracht.

Er schließt sich über uns, wie sich die Wasserlilie bis zum nächsten Morgen verschließet.

Was uns hier verliehen, werden wir verwahren,

Und ist es nicht genug, so müssen wir wieder zusammenkommen und unsre Hände ausstrecken nach dem Geber.

Vergesset nicht: Ich werde wiederkehren zu euch.

Ein Weilchen noch, ein kurzes Rasten auf dem Winde, und ein andres Weib wird mich gebären.

Lebet wohl, ihr und die Jugendzeit, die ich bei euch verbracht.

Erst gestern war's, da wir uns im Traume begegnet.

Ihr habt mir vorgesungen in meiner Einsamkeit, und aus eurer Sehnsucht hab' ich einen Turm gebaut in den Himmel.

Doch nun ist unser Schlaf geflohn, und unser Traum ist aus, und das Morgenrot ist vorüber.

Der Mittag steht über uns, und unser Halbwachsein ist zum hellren Tage geworden, und wir müssen scheiden.

So wir uns im Dämmern der Erinnerung nochmals begegnen, werden wir wieder miteinander reden, und das Lied, das ihr mir singen werdet, wird tiefer sein.

Und so sich unsre Hände wiederfinden in erneutem Traume, werden wir einen neuen Turm bauen in den Himmel.

Bei diesen Worten machte er den Seeleuten ein Zeichen, und sogleich lichteten sie den Anker und lösten das Schiff von seiner Vertäuung, und sie wandten sich dem Osten zu.

Und aus der Volksmenge erhob sich ein Klageruf, als dränge er aus *einer* Brust, und er stieg in die Dämmerung und ergoß sich über das Meer, gleich einem Posaunenklang.

Nur Almitra schwieg und blickte dem Schiffe nach, bis es im Nebel verschwunden.

Und als die Menge sich verstreut hatte, stand sie allein am Deiche des Meeres, und ihr Herz erinnerte sich seiner Worte:

„Ein Weilchen noch, ein kurzes Rasten auf dem Winde, und ein andres Weib wird mich gebären."